시인 오형록

해운대 에필로그

오형록 시집

시와사람

오형록 시집
해운대 에필로그

2020년 7월 5일 인쇄
2020년 7월 10일 발행

지은이 | 오 형 록
펴낸이 | 강 경 호
인쇄 · 기획 | 도서출판 시와사람
등록 | 1994년 6월 10일 제 05-01-0155호
주소 | 광주시 동구 양림로119번길 21-1(학동)
전화 | (062)224-5319
팩스 | (062)225-5319
E-mail | jcapoet@hanmail.net

ISBN978-89-5665-566-6 03810

값 10,000원

· 잘못된 책은 바꾸어 드립니다.

공급처 ■ 한국출판협동조합
경기도 파주시 탄현면 오금리 202번지
주문전화 (02)716-5616, 070-7119-1740

이 도서의 국립중앙도서관 출판예정도서목록(CIP)은 서지정보유통지원시스템 홈페이지(http://seoji.nl.go.kr)와 국가자료종합목록 구축시스템(http://kolis-net.nl.go.kr)에서 이용하실 수 있습니다.
(CIP제어번호 : CIP2020027249)

해운대 에필로그

■ 시인의 말

나는 자타가 공인하는 숙련 농사꾼이다.

자연의 이치에 생의 나날을 맡기며 살아온 인생이다.

지난 2003년 5월 24일 오이 하우스에서 쏟았던 장대비 같은 땀의 일기장 한 페이지가, 이후로 내가 써왔던 시의 씨앗이 되었다.

심마니처럼 가시덤불을 헤치며 꼭꼭 숨어있는 시의 문장들을 찾아 걸었던 여정이었다.

서툰 날갯짓이었지만 매의 눈빛을 꿈꾸었던 시 사냥의 나날들

휴일이 없는 하우스 안에서는 가시가 돋친 꽃들이 피어났지만, 내가 걸어온 시의 고투 속에서 다섯 번째의 결실이 맺혔다.

생활과 시를 더불어서 가꾸는 농부의 보람으로 여생의 지도를 그려 넣고 싶다.

땅끝 해남의 흙내음 속에서

차 례

조도 미용실 2

3 혀 직화구이

내 눈에 딱 맞는 안경 4

1

콜라비의 겨울

봄비와 골무

봄을 시침하는
봄비의 볼에
수줍은 두견화가 피었다

꼼꼼하던 바늘이
격한 딜레마에 빠질 때
골무는 말없이 옷을 벗었다

격정의 회오리가 지나간 후
수줍은 아지랑이 날개를 펴고
무리 지어 하늘로 오른다

촘촘한 시침을 따라
젖멍울이 서둣 아려오는 것은
상큼 달큼한 초록을
잉태했기 때문이다.

목련화

아롱이는 봄 햇살
청보리밭에 저고리 벗고
가는 세월 잊었는가
철없는 가슴 홀씨처럼 훨훨
흰 구름과 깍짓손하고
무념무상 들었구나
산새들 입방아에 코피 터진 봄
두견화 입이 귀에 걸렸는데
눈에 선한 목련화는
봄마다 고까신 갈아신고
남평역 앞마당을 서성이고 있겠지
말없이 떠난 빛바랜 꽃이여
퇴색한 꽃잎마다 아롱진 눈물
어이할까.

청보리밭 IC

봄비에
자라난 청보리가 몸을 흔든다
보리내음이
폐부 깊숙이 파고든다

검정 소를 몰던 시절
더벅머리 검정 고무신이
수술대에 올라 어금니를 깨물던
시간의 나이테가
욱신거리기 시작한다

이젠 통증도 바래어진 시간
바동거리던 하루가 보슬비의
등 뒤에서 눈을 흘기는
까닭은 무엇일까.

목련

앙칼진 목소리를 가진
겨울이
썰물처럼 한 발짝 두 발짝
물러나고 있을 때

배시시한 얼굴로
눈을 뜨려하는

땅거미와
실랑이를 벌이는 아지랑이
첫사랑처럼 피어오르고

그렁그렁한 눈망울로
가시 달린 봄을 불러본다

언제부터인가
내 가슴에서 살고 있는 가시는
자욱한 안개 속에서 얼굴을 내미는
목련꽃만 같아라.

천국

보리 그루터기 사이
심봉사를 패러디하던 잡초가
아침 이슬을 포식하며 기지개를 켤 때
낮은 포복으로 은신하던 장끼의 눈동자가
망설임 없이 넓은 바다로 뛰어들었다

콤바인이 살짝이 남겨놓은 살찐 보리
더도 덜도 말고 오늘만 같아라
까투리와 꺼병이의 거침없는 익살에
솜사탕 같은 하루가
서산마루에 사르르 녹아내린다

여름의 문지방을 기웃거리는
와등마을의 봄이
넓고넓은 바다에 머리를 풀어 헤친다

물갈퀴가 돋아난 꺼병이 가족
온종일 해맑은 웃음소리가
보리 그루터기와 하늘을 오가며
하얀 포말을 일으킨다.

못생긴 코스모스

강진 청자 축제장
귓불을 어루만지는 바람과
하늘을 향해
두 팔 벌린 코스모스는
살사댄스의 달인
천진한 얼굴에 스며든 가을은
풍요와 낭만의 파수꾼
아낌없이 사르는 젊음이
부럽기만 하구나
해 질 녘 노을을 바라보며
쓸쓸한 미소로 석양에 얼굴을 묻은
만신창이가 된 코스모스는
어쩌면 내 모습이 아닐까
참아야 할 일
가려야 할 일
엠보싱 같은 묘지 군락은
가시덤불의 고향만 같아라
어둠의 아가미는 해탈의 문
오묘한 빛의 제왕도
못생긴 내 얼굴도.

낙엽

한 생을 마치고
자연의 품으로 돌아가는 시간
이렇게 홀가분하고 편안했던 적이 있었던가

다하지 못한 초록의 향연
그 아쉬움도 크겠지만
돌이켜 생각하면 가슴 뿌듯한 시간이었지

그늘을 만들어 배려의 기쁨을 알았을 때
어깨를 나란히 했던 친구들이
얼마나 자랑스러운지

벌레가 살을 바를 때도
눈시울에 소금꽃을 피워 올리며
하얀 미소로 화답했었지

흰 구름 먼 길을 재촉하던 날
깊어가는 하늘 호수에
황혼을 고이 접은 돛단배가 되어
알록달록한 돛을 올린다.

낙엽
-리모델링

사색에 젖은 나뭇잎 하나
알록달록한 상처를 가슴에 묻고
후회 없는 삶이었다고
살며시 얼굴 붉힌다

새들의 날갯짓은
예나 지금이나 변함이 없는데
잔뜩 웅크린 세월의 주름 사이로
서늘한 한기가 똬리를 틀고 앉았다

똘똘한 가을이 곰삭아
감나무에 까치밥으로 남을지라도
맹세코 눈물은 보이지 말자

달빛의 악보를 알알이 꿰어
우리 목청을 가다듬고 노래 부르자
목젖에 꽃망울 맺힐 때까지

원유의 가슴으로 꽃받침을 만들고
실핏줄로 꽃을 만들어
우리 삶을 리모델링 하자.

눈꽃

꽃잎이 흩날렸어요
눈썹과 눈시울에도
꽃잎이 수북하게 쌓였어요
솜털처럼 가볍게

이내 가슴에도
꽃이 피려나 봅니다
한 줄의 시가 되어 녹아들고 있어요

겨울바람이 지나가면서
내 가슴엔 들어올 수 없다며
발을 구르고 있어요

애타는 가슴 하얗게
두고 갔어요.

첫눈

언제부터였을까
남루한 일상을 다듬이질하는
판타스틱한 바람이 인다
하늘을 향해 손을 내민
초목의 가지가지마다 소복한 축복
산야는 검은 두루마기를 벗고
하얀 장삼으로 갈아입는다
내 마음속에 웅크린
검은 그림자를 방치했던 아리송한 속내를
흔적도 없이 덮어 버렸으면 좋겠다
하얀 장삼을 펄럭일 때마다
자유를 갈망하는 꽃잎의 애절한 춤사위가
내 가슴을 뜨겁게 달군다.

콜라비의 겨울

간밤에 세상이 얼어붙었다
심장까지 밀고 올라오는 얼음 알갱이
전생에 무슨 일이 있었기에
이렇게 마지막 한 방울의 피까지
꽁꽁 얼려버린 것일까
커튼 뒤에서
해님은 발을 동동 구르지만
좀처럼 깨어날 기미가 없다
구름이 잠시 고개를 돌린 사이
해님의 숨결을 감지한 심실이
얼음장처럼 쩍쩍 갈라지기 시작한다
이렇게 반복된 일상에
가슴에 품었던 온갖 응어리가 풀려
비로소 깊은 맛이 우러난다
깨달음의 자양분은 눈물이지만
달콤한 맛의 원천은
끈질긴 기다림이다.

눈꽃나무

어둠의 터널을 달린다
액셀을 밟은 다리에 쥐가 난
일곱 난쟁이의 고향
백설 공주를 닮은 눈꽃이
아침햇살 아래
해맑은 웃음꽃을 피웠다
밤새 난동을 부리던 바람도
삼천 경락이 끊긴 망부석처럼
요지부동 움직일 줄 모른다
세상 어떤 허물도
포근하게 감싸주는 눈꽃이
가지마다 탐스러운 꽃망울을 터트렸다
어느새 내 가슴에도
하얀 꽃잎이 수북하게 쌓였다
나는 한 그루 눈꽃나무가 되었다.

2

조도 미용실

해운대 에필로그

겨울바람이 따귀를 때리는 백사장에 구경이라도 난 듯
갈매기들이 모여든다

이국 사람들도 가끔 따귀를 맞으러 이곳에 온단다

반려견을 데리고 온 끼리끼리가 오줌싸기에 열중인 목
줄을 당긴다

검푸른 바다가 으르렁으르렁 하얀 이를 드러내며 금방
이라도 물어뜯을 듯 달려든다

갈매기가 잠시 자리를 옮겼을 뿐 아무도 쓰러지지 않
았다

하늘과 바다가 맞닿는 저편에 우리의 옛 영토 대마도
가 있다고 망원경 한 대가 목이 쉬도록 소리치지만

귀를 기울이는 사람은 아무도 없다

빌어먹을 뉴스가 아름드리 곰솔 숲으로 빠른 걸음으로
숨어든다

팔순쯤 되어 보이는 할머니 한 분이 이십 대의 허리를 자랑하며 백사장을 걷는다

모래알 하나하나에는 사연이 있다

이제 와 생각해 보니 어쩌면 할머니는 성인이었을 거란 생각이 들었다.

소등섬의 고드름

얼음 알갱이가
귓불에 터를 다지던 날
이성을 잃은 칼바람이 바닷길을
조금씩 잘라내고 있다
볼 것 못 볼 것 가리지 않고
내숭을 떨던 내 눈빛도
예외 없이 잘려 나가고
나를 옭아맨 고뇌의 끄나풀도
흔적도 없이 수장되었다
백지장 같은 이념 때문에
가면 속 질투와 분노의 화신으로
유니콘 엉덩이의 뿔을 동경했던 것이다
소등섬 땟마위에서
혓바닥에 철썩 달라붙는 굴구이를 맛보며
영화처럼 한 잔의 커피를 마신다
에메랄드빛 바다여
그대가 보석이 아니면 어쩌랴
매서운 칼바람에 당당할 수 있도록
이제 진실만을 벗하며 살아가련다
싹둑싹둑 허리가 잘린 눈물이
귀를 막고 눈을 가리더니
송곳같은 고드름으로 맺혔다.

수채화 속의 동박새

삼문산 굽이 돌아
가파른 동백숲 얼음골에서
생글생글 반기는 청옥 같은 바다를
말없이 바라보았다
하늘과 바다가 연출한
볼수록 오묘한 수채화 속
한 마리 동박새가 되어
동백숲 군락으로 숨어들었다
말끝마다 토를 달던
꼬장꼬장하던 혀가
성난 용수철처럼 튕겨 나와
동백꽃 똥구멍을 쪽쪽 빨고 있다
갈매기가 물고 온 백사장에
눈물로 써 내려간 고해성사를
파도는 무슨 연유로
자꾸자꾸 지워버리는

가우도와 강태공

누렁소에게로
멍에 고깔 누가 씌웠나
왕방울만 한 눈 끔뻑이면서
저두리와 사초리에 고삐를 묶고
세월의 고개를 넘는다
다산의 숨결이
여울지는 강진만에
십장생의 노고를 수행하는 거북은
청자골의 부흥을 위하여
홍보대사가 되었구나
트레킹 해변을 휘돌아 가는 낚시공원에서는
강태공이 줄을 드리워
세월에 침식된 목민심서를
건져 올리려는지
무심한 안광을 범뜩인다.

*강진읍 보은산은 소의 머리를 닮았고 가우도는 소 멍에를 닮아 가우도라 하였다. 거북이 형국에 학이 즐겨 찾아 소나무 구름 해 거북이 십장생을 이루었으며, 멀리 만덕산 백련사 동백숲과 다산 초당이 바라다 보인다.

우실

예로부터 관호마을 언덕배기에
산 자와 죽은 자의 쉼터
이별의 IC가 있다
아무도 흉내 낼 수 없는
천혜의 비경을 바라보며
떨어지지 않는 걸음을 옮겼으리라
늑대의 탈을 쓴 해풍도
우실 담벼락을 만나
스스럼없이 탈을 벗었다
유유상종 바람벽이 되어
망자의 넋을 위로하며
마을의 안녕과 평화를 위하여
때로는 소리 내 울고
때로는 소리 없이 울었다
쌓아 올린 돌 하나에 담긴 염원이
마을을 넘보는 침입자들과
언성을 높이는 까닭이다
가슴이 답답하고 숨이 막히면
우실 그네에 앉아볼 일이다
발아래 펼쳐진 세상이 꿈을 꾸는 듯
주름살에 갇힌 근심이 마치 솜사탕처럼
사르르 녹아내리리.

성묘산성

재선충 출몰로
진땀을 흘리던 성묘산은
애지중지하던 옷을 벗었다

삼면이 바다였던 시절
밀물을 따라온 파도마다
눈독을 들이던 단벌 신사복

노략질을 일삼던
해적들의 무수한 창칼에 맞서
가파른 절벽을 어르던 갑옷이었다

자글자글한 의문의 주름살
만고의 세월도 극복하지 못한 흉터
허물어진 성곽이 민낯을 드러냈다.

조도미용실

하나로마트 앞 골목 어귀
깔끔하게 단장한 입 방앗간
남편을 따라 낚시를 왔다가
파도와 갈매기의 밀어에 매료되어
도시의 미용실을 처분하고
하조도에 정착했다

갯바람이 다져놓은 맹지
억센 터줏대감들의 눈총에
수없이 많은 피와 땀을 쏟았다

거듭된 병마와 사투 끝에
가까스로 일궈낸 터전이기에
보석보다 귀한 인간 승리의 터전이다
하조도의 모스크바 조도미용실
해가 뜨면 어김없이
기자회견이 열린다.

도솔암에서

달마산 도솔봉
구름 파도 처얼썩처얼썩
바다가 하늘이고 하늘이 바다로다
어기영차 어영차 노를 저어라

해는 일어나 운무를 먹고
달은 눈 비비며 어둠을 먹는데
어기영차 우리는 무엇을 먹을까
어영차 우리는 어디로 가는가

삶과 죽음을 초월하여
하늘과 바다가 살을 비비듯
구름과 바람이 숨바꼭질을 하듯
어기영차 어영차 노를저어라.

관매도 꽁돌

옥황상제의 공깃돌 하나가 관매도에 떨어졌다. 이를 찾으러 왔던 하늘 장사는, 서둘 바꿀 폭포 아래서 선녀에게 매혹되어 돌아갈 생각을 잊어버렸고, 결국 돌무덤에 갇혔다. 옥황상제의 두 아들도 역시 공깃돌을 찾으러 왔다가, 그곳에 남아 나란히 섬이 되고 말았다.

꽁돌 주변 해변 바위에 무수한 발자국이 아직도 귀를 세우고, 눈물 없이 들을 수 없는 파도의 옛이야기를 시도 때도 없이 컥컥 게우고 있다.

지금도 꽁돌에는 하늘 장사의 손가락 자국이 선명하게 남아 관매도를 찾는 길손들의 입방아에 연신 오르내리고 있다.

전입 신고

대양을 풍미하던 파도가
징의도 해변에 둥지를 틀었다

수수만년 지칠 줄 모르는 손길로
아늑한 침실도 만들고
다과와 차를 마실 수 있는
교자상도 만들었다

하늘의 별자리를 바라볼 수 있는
베란다도 만들었는데
이곳에 별들이 내려와
감로주를 마시며
담소를 나누곤 한다

그들이 쉬어갈 수 있도록
사랑채도 만들었는데
샘 많고 호기심 많은 들꽃이
전입신고를 하였다.

은행나무 아래서

물염정 양지뜸
가을 향기에 날숨 오르던 날
운수대통 똥을 밟았다

가슴을 짓누르던
덧없는 삶이 머리를 조아린다

참고 또 참아 응고된 눈물
질퍽한 그리움과 사랑의 화살이
코끝을 유린한다

일어선 자율신경이
쓰나미를 만난 듯 잠시 허우적거리면

산구름과 이마를 맞댄
은행알 포도같은 송이들이
삶의 낙하를 향하고 있다.

장유 휴게소에서

꼬르륵 배꼽 부근에
석연치 않은 여진이 감지되었다
낙엽이 활보하는 장유 휴게소에
천리마의 고삐를 묶었다
비가 쏟아질 듯한 날씨
누군가에 쫓기는 낙엽 때문인지
답장이 없는 카톡 때문인지
가슴 한 켠이 격하게 싸그락 거린다
구수한 된장국과 마주 앉았다
그녀의 눈빛은 그 누구보다 따스했다
지남철 같은 입술, 뜨거운 숨결이
폐부 깊숙이 파고들었다
이렇게 짜릿한 오르가슴
느껴본 지가 도대체 언제였던가
날강도 같은 삶의 굴레에
본능마저 빼앗기고 살아왔구나
송두리째 내게 준
마치 비아그라 같은 그녀에게
한쪽 눈을 찡긋 감아 보였다.

삼학도 엘레지

후덥지근한 여름밤
만선의 고동이 울리던 날
갯내음에 취한 땀방울이
고기를 따는 아낙의 뺨에
만질만질한 미끄럼틀을 만들었다
코를 찌르는
이승과 저승의 힘겨루기
참는 자에게 주어지는 게런티는
황금과도 바꿀 수 없는 것
휘황한 불빛이
지느러미를 흔드는 앞치마 속
애락의 소용돌이가
격하게 숨을 고르는 시간
부두에 반영된 불빛이
아들의 얼굴처럼
벙글어진다.

내 다리 내놔

도곡 태마파크에서
캠프와 세미나가 있던 날
평퍼짐한 엉덩이를 가진 아지랑이와
동고동락을 하는 연둣빛 초록이
더없이 옹골졌다

2층 침대에 먼저 누웠다
새것 증후군이 구둣발로 짓이기기 시작했고
금방이라도 코피가 쏟아질 것 같아
이를 앙다물고 눈을 질끈 감았다

뒤척이다 잠이 들었는데
흠칫 독오른 뱀처럼 일어서는 머리칼
목구멍에 기어드는 목소리로
"이왕이면 관절염이 없는 걸 가져가시지"

저만치 들고 가던 다리를
침대에 툭 던져놓고 사라진 방에는
죽음보다 깊은 침묵이 흘렀다.

꽃 이야기 찻집

벌렁이는 코
대책 없이 도구질하는 심장
아무 말 하지 않아도 느낄 수 있는
가슴과 가슴의 서사시
오롯이 빛깔과 향으로
화들짝 피어난 나긋나긋한 밀어가
대책 없이 가슴을 헤집고 다닐 때면
아무리 무뚝뚝한 사람일지라도
외마디 신음을 토하지 않을 수 없다
감성의 문이 열리고
희색만면한 꽃의 정령이
아찔아찔 혼을 빼앗아가는
꽃차 명인의 사랑방에
묵향이 솔솔 피어오른다.

황야의 무법자

목포 문학 40호
출판 기념과 송년회가 있는 날
씻는 둥 마는 둥 말에 올랐다
뽀얀 먼지를 일으키며
거침없이 농로를 달리니
벼 그루터기가 힐끔 눈을 스친다
질주하는 말들을 추월하기 위해
발을 구르며 채찍을 휘둘렀다
하얀 버금을 게우는 늙은 말이
안쓰러워 가슴이 아파왔다
늦지 않게 도착해야겠다는
이기심을 감지한 보안관의 총구는
기다렸다는 듯 불을 뿜었다
아슬아슬하게 비껴가는 총알
행사 시작 3분 전
가슴에 구멍이 숭숭 뚫린 마부가
목포 문학관 앞에 고삐를 묶는다.

목우촌의 밤

어둠이 삼켜버린 목우촌
지나는 자동차마다
주춤거리는 빛의 고리를 당기지만
빗장은 좀처럼 풀리지 않는다

얼마 전 태평양을 쓸고 온 바람이
여물어가는 황금 들판을 시샘한 까닭에
희미한 빛을 끌어안은 얼룩진 얼굴
흐느끼는 그림자를 만났다

코가 쑥 빠진 코스모스 하늘만 보고
만개한 억새는 미동도 없는데
가슴엔 고혹의 바람이 인다

비가 내린다는 예보 때문일까
쌍심지에 불을 붙이고
황금알을 줍는 로봇의 이마에
구슬 같은 땀방울이 맺힌다.

구지가의 뜰

새들도 쉬어가는 기찻길 옆
황토와 돌을 둥글게 쌓아 올린
거북 형상의 집에
각처의 숨은 재주꾼들이*
구수한 이야기보따리를
풀어 헤치던 날
일상의 뒤뜰에 방치했던
웃음이라는 보물을 발견하는데
그리 오랜 시간이 필요하지 않았다

만 가지 형상과 향기를 간직한
탐스런 열매를 위하여
세 톨의 씨앗을 나누어 주었다
마가렛이 만개한 구지가의 뜰
커피 향이 초록의 어깨를 토닥여
주고 있었다.

*들풀 작가회 화순

빈집

어디로 갔을까
근근이 지탱하던 기둥마저
소리 소문없이 사라져 버렸구나

허물어질 것만 같은 담장 너머에
눈을 부라린 겨울바람은
무슨 연유로 또 발품을 팔았을까

끊일 듯 말듯 이어지는 정과 동의 줄다리기
언젠가 알통을 자랑하던 무용담을
아직 기억하고 있기 때문일 거야

정신을 잃고 쓰러지던 그 날도
그는 안타까운 눈빛으로 내게 말했지
제발 눈 좀 떠봐

삼라만상이 머물다 간 무형의 공간
아직도 손님이 찾아올 때면
어느새 코가 벌렁거린다.

3

혀 직화구이

방콕

침이 마르도록 동경하던 방콕
똥구멍에 해가 뜨도록
늘어지게 자고 싶었는데
왜 이리 갑갑하고 허전한 곳일까
비행기를 타고 와야 하는데
두 발 자가용으로 왔기 때문일까?
무언가에 떠밀려 찾아온 방콕은
삶을 한 차례 돌아보게 합니다
주어진 시간이 얼마나 값지고
소중한 것인지

듣지도 보지도 못했던 코로나 한파가
방콕에 들게 하였습니다.

벗은 닭

금은보화가 더러는 꿈이라 하지만
귀하지 않고 소중하지 않은 게
하나도 없습니다
작은 마스크 한 가지가
금덩어리보다 소중한 현실에
사리사욕을 쫓느라 꽈배기처럼 꼬인
부끄러운 모습을 보았습니다
사람은 누구나 평등하건만
더러는 우상이나 권력에
털이 뽑혀 달음질치는 달구새끼처럼
살아왔던 까닭입니다
비록 번지르르한 털은 없지만
코로나 19를 퇴치할 수 있다며
불구덩이로 뛰어드는 사람을 보면
가슴이 찡합니다
손을 모아 응원합니다
당신이 준 뜨거운 소망과 사랑을
가슴 깊이 간직하겠습니다
부디 뽑혔던 털이 다시 돋아
아무 일도 없다는 듯 파닥거리는 그 날을
기다리겠습니다.

갈무리

회색빛 얼굴에
소리 없이 흘러내리는 눈물
아무리 아프고 가슴이 미어진다 해도
손으로 닦지 마세요
그냥 흘러내리게 내버려 두세요
저 홀로 날뛰다 왔던 곳으로 돌아가도록
모른 채 내버려 두세요
하염없이 내리는 비
봄인 줄 알고 창을 열었던 백매화
그렁그렁한 물빛 눈동자를
허공에 걸었습니다
지금 내리는 게 미움인가요 원망인가요
그것도 아니면 사랑인가요
물은 물인데 아무도 마실 수 없는 물
세상을 쥐락펴락하는 그를
조심 또 조심하세요
하늘과 땅 그리고 우리들 가슴에도
쌀쌀맞은 비가 내리고 있습니다
생과 사의 갈림길은
우리들 손끝에 달렸습니다
당신의 눈 코 입에 커튼을 드리우고

자타가 공인한 역대급인 손을
잘 갈무리 하세요.

제5차 세계대전

신종 바이러스를
최초로 발견한 의사는
임금님 귀는 당나귀 귀다
라고 소리쳤다
체면을 생각한 대숲의 주인은
바람의 길목에 선홍색 부적을 붙여
메아리를 잠재웠다
이리 뛰고 저리 뛰어도 우물 안 개구리
증식을 거듭한 플랑크톤은
마침내 개구리를 삼키고
세상을 모두 삼키겠노라
으름장을 놓았다
제5차 세계대전은
이렇게 시작되었다
그 원흉은 인간이 아닌 바이러스
배척하지 말고 사랑만 하자
우리의 적은 도처에서
호시탐탐 노리고 있다.

바이러스 그물

마이더스의 손이
인류를 구원하기 위하여
수많은 사람의 눈물로
이 세상에 족보를 올리고자 한다
자외선 광촉매가 진화한
21세기 방역용 전자 그물은
한국인의 손에서 태어나리
어찌 바이러스 따위가
우리들의 심성을 좀먹고
단란한 삶을 파괴할 수 있겠는가
가족과 인류의 안녕을 위하여
기필코 이루어야 할 숙원임을 명심하고
촌각의 시간도 지체하지 말자
잠자리를 지켜주는
사무실과 작업장을 지켜주는
나아가서 동네와 도시를 지켜주는
촘촘한 광촉매 바이러스 그물은
기필코 우리 손으로 만들자.

新덕석말이

민심이 천심이라는 말이
대세가 되는 세상을 본다
아차 하는 순간에 지나간 버스
손 흔들어본들 무슨 소용이 있겠는가
알코올이 시켜서 한 일이라니
핑계없는 무덤이 어디 있으랴
예기치 않게 북소리는 나는 것이지
공평하게 주어진 기회의 땅 이지만
살아가는 모습은 왜 이리 다를까
저마다 꿈꾸는 삶의 종착역은 어디쯤일까
현대인의 포청천 SNS는
지푸라기 하나하나가 손에 손잡은
촘촘한 석의 후예다
여차여차하면 둘둘 말아
녹다운시키는.

카메라의 경고

내 눈을 훔치는 자
지위고하를 가리지 않고
모조리 데려가겠다
살아있는 것도 좋고
생명이 다한 것도 가리지 않겠어
나를 쬐려 보는 자
사과를 따듯이 꽃을 꺾듯이
잘생겨도 못생겨도 용서치 않겠어
예로부터 나의 손에서 벗어난 자는
단언컨대 단 한 번도 없었다
어떤 자는 코가 빠져 염을 하기도 하고
금테 두른 앨범에 신줏단지처럼 모셔놓고
펼쳐보면서 넋을 놓는 일이 많았지
날이 갈수록 간이 커졌는지
사람들을 세워놓고 이래라저래라
사주하는 일이 많아졌는데
경고하거니와
언제든지 그대의 영혼을 가둘 수 있으니
결코 내 앞에서 방심하지 말라.

왜 나만 갖고 그래

사람들은 저마다
걷는 방향이 다르기 때문에
자기만 아플 거라 생각합니다

뿌린 대로 거두는 게 섭리이거늘
이면의 세계를 보기도 전에
섣부른 판단을 하였기 때문입니다

뼛속까지 파고드는 한기를 달래며
오금 저린 행동 하나하나에
앙칼진 방울을 매달겠습니다

어쩌면 당신이야말로
북풍한설과 투쟁을 하고 있는데 말이죠

그래도 가파른 빙판에서
무작정 손을 잡아주길 바라는 것은
너무나 이기적인 발상입니다.

그늘

세계 6번째
1인당 국민소득 3만 달러를
달성한 나라
서울시 중랑구 망우동
반지하 월세방에서
82세 어머니와 56세 딸이
숨진 채 발견되었다

15년을 대인기피증
치매 노인을 돌봐야 했기에
일을 나갈 수 없었던 딸은
엄마의 노령연금 25만 원으로
생계를 이어야만 하였다

월세를 낼 수 없어
보증금이 줄어져 가는 어려운 상황이었지만
공과금은 한 번도 밀리지 않았다

월세 보증금을 완전 소진하고
더 이상 갈 데가 없어
극단적 선택을 하게 된 것 같다는
앵무새 목소리를 내는 뉴스가 보도되었다.

염력

높이 3.5 m 간격 75cm
내 키에 가랑이가 찢어지는 보폭
후들거리며 네 발로 기던 곳을 두 발로
걸으며 할 수 있다는 암시를 무기 삼아
걸음마를 시작한다
몸무게와 대칭을 이룬 67kg의 비닐은
허리와 발목의 인대를 다그치며
인간의 한계를 귀띔해 준다
흔들거리는 하우스 위
자연의 질서에 역행하는 줄다리기
여차하면 다칠 수도 있는
아슬아슬한 순간
고추들의 해맑은 목소리를 붙잡고
나는 어느새 흔들거리는 파이프
90개를 완주해 내었다
비닐의 중심을 맞추는 시간
바람이 클로즈업되자
부글부글 끓어 넘치는 애간장
바람이 숨을 고르는 순간마다 30년 경험도
긴장 되었다
기도가 하늘에 닿았을까?

한계를 초월한 에너지와
헤드램프가 손을 맞잡은
어둠 속 혈투는 기적을 연출해 내었다.

콜라겐

갈수록 황폐해지는 대지에
먼지가 풀풀 날리고
심하면 쩍쩍 갈라지기도 한다
검버섯이 위세를 떨치며
사막으로 변해가는 대지에
수로를 개척하고
지하수 개발을 하는
안간힘을 다한다
마지막 순간까지
최선을 다하는 게 우리가 할 일이다

시름시름 한 피부에
싱싱한 활기를 공급할 수 있는 비결은

웃음꽃의 스폰서인
콜라겐의 섭취다.

고장 난 배꼽시계

살아가는 환경이 달라
배꼽시계가 울다 쓰러져도
거들떠보지 않는 곳이 있다
"그래그래
간헐적 단식이 그렇게도
몸에 좋다고 하더라"
효자 중의 효자로다
아버님
저기 기저귀 좀 갈아 주세요
저는 아가 목욕물 준비할게요
치과에서 이빨 뿌리를 뽑았는데
두 시간째 피가 멎지 않았고
하늘이 온통 노랗게 보였다
며느리가 보내준 간식은 그림의 떡
딸이 데리고 간 노천카페에
하늘을 보고 누웠다
고조된 시누올케의 vs
주말 연속극은 클라이맥스를 달리고
바보상자를 둘러싼 시청자들은
저마다 한 마디씩 내뱉었다.

굴구이

난공불락의 요새였다

너에게 입성하기 위하여
비수를 품고
성문 앞에 불을 지폈다

작심하고 휘두른 비수가
닫힌 돌문을 아수라장으로 만들 때
어렵사리 문이 열리고
달착지근한 체취가 사방으로 휘날렸다

굳어있던 나의 혀끝을
바다 향으로 물들이기 시작했고

보드라운 내 입술이 영혼을 희롱할 때
내가 할 수 있는 일은 아무것도 없었다.

삼부자

10개월 된 손주가 왔다
움찔움찔 옹알이도 하고
음악의 목말을 타기도 한다

만국 공통어를
유창하게 구사할 때면
내 가슴에 봉긋봉긋 피어나는 꽃
꽃향기에 흠뻑 취해버렸다

사슴 같은 눈망울과 마주칠 때면
나도 몰래 첨벙 뛰어들고 싶은
앙증맞은 몸짓 하나하나가
그저 신비롭기만 하다

꽃물결 일렁이는 호숫가
아침부터 새들의 노래 청아하다
이제 내 가슴은 부자다
우린 삼부자다.

혀 직화구이

당신은
문명을 평정한 파이터
말도 많고 탈도 많은 바람의 앙상블
네가 했던 온갖 덕담과 흉담이
돌과 담쟁이가 조화를 이루듯
천연덕스런 요새였다

매일 밤
말달리는 마녀사냥은
어둠과 빛의 팽팽한 줄다리기
안간힘을 다하는 힘의 대칭에서
바람은 스멀스멀 기억을 잃는다

흐르던 물이 게으름의 정점에 달할 때
평화가 도래한다는 착시현상
잠든 모습은 평화롭지만
기나긴 잠은 죽음과 같다

너에게 딴지를 걸어
냉혹한 현실을 경계삼고자
핏기가 채 가시지 않은 너를 일으켜

해질녘 일어서는 금빛 윤슬로
오금 저린 눈동자를 달랜다

혀끝에 색안경 끼우던 날
가식없는 오감의 노리개가 되어
가슴으로 말하는 벙어리가 되었다.

訪問

갈수록 꼴뵈기 싫은 놈 찾아오자마자 바늘로 삭신을 쿡쿡 쭈셔쌌더니 인자는 사포로 목구멍까징 문지르고 날리다 때 아닌 눈물 콧물은 또 어찌께 하까 입맛이 없어도 쎄뿌닥이 깔깔 해불어도 꼬약꼬약 묵어야 한당께 병주고 약을 주는 거였는디 겨울바람이 우락부락 알통을 자랑하든 날 슬금슬금 배꼽 밑을 파고들던 솜씨가 한사코 네 놈이었던 것만 같았어야 빼다구 속까지 으슬으슬해지는 판국에 심술보따리가 여간 아니었던 방문 오늘은 이불 속까지 흥건하게 젖은 걸 봉께로 쫓겨날 날이 그리 멀지만은 않은 모냥샘이 였든가 싶어 졌구나.

찾아가는 설

아무개는 세배 받으러
올라간다는 구먼

찾아가 절 받으면
쪼끔 거시기하지 않을까

아들 잘 나간다고
입버릇처럼 해놓고

그래도
해외로 가는 것보다는 낫겠지

얼마 전 경자가 왔다는데
단물 쓴물 쪽 빨리고 없으니

반가움은
어떻게 전할까?

야옹이 모녀

구름 위를 걷는 듯
발에 밟히는 촉감이 꿀맛이다

반복된 춤사위에
사냥감들이 지천이다

더도 덜도 말고 오늘만 같아라
용수철 같은 깨금질 그칠 줄 모르는
엄마의 주름살이 꽃으로 핀다

"그래그래
더 잡아다 줄게"

"아이 좋아라
이 세상에서 엄마가 제일 좋아".

문어 이야기

바위틈 작은 둥지
조약돌로 바리게이트를 치고
눈물겨운 산란이 시작되었다

도다리에게 빼앗긴
눈만 갓 생긴 멀뚱멀뚱한 새끼들
분노와 회한에 못 이겨 사지를 뒤튼다

날카로운 가시를 앞세운 성게를
죽을힘을 다하여 내동댕이쳤지만
허벅지에서 연신 피가 솟았다

곡기를 끊은 지 오래
숨이 다하도록 곁을 지켜주며
새끼들만 바라보고 있구나

이제 여한이 없구나.

4

내 눈에 딱 맞는 안경

백지의 침입자

형형색색의 물감을 메고
끝없이 펼쳐진 설원을 찾아
붓끝을 따라 걷는다
발길이 닿는 곳마다
어김없이 상큼한 오솔길이 생기고
새들의 노래가 청아하다
가다가 가다가
꽃을 만나면 꽃처럼 웃다가
호랑이를 만나면 마주 보며 발톱을 세운다
한 방울의 땀이
사력을 다하여 떡잎을 밀어 올릴 때
해와 달 그리고 바람을 만나
둘도 없는 친구가 된다
끝없는 각다귀판으로
온몸이 범벅될 때 만날 수 있는 자아
거짓이 없는 한 폭의 수채화에
한바탕 소나기가 쏟아진다,

거머리를 떼어 내면

꽃은 꺾는 순간
시한부 삶이 되는 까닭에
있는 그대로
바라보아야 합니다
정말 아끼는 꽃은
오래오래 함께하고 싶은
청초한 로망입니다
향기 없는 꽃은
꽃이라 할 수 없습니다
꺾이지 않는 꽃만이
그윽한 자태를
뽐낼 수 있으니까요
속이 꽉 찬 꽃은
천년이고 만년이고 변함없는
삶의 동반자입니다
희로애락은
자신의 마음속에 있습니다
찰거머리 같은 관념을 떼어내면
서로 거리낌 없이 바라보는 것으로
만족할 수 있습니다.

선물

간간이 눈발이 날리던 날
산중에서 토끼를 만났다
하얀 눈 위에 재롱을 부리는
빨간 눈동자를 바라보았다

바위틈에서 만난 도토리 두 개 중에
한 개만 먹는 마음을 가진 토끼가
자꾸 눈앞에서 어른거린다

거북이에게 속아 놓고
원망하지 않았던 족보 있는 집안이라며
첫눈이 오던 날 내게 말했다

꽃은 갑자기 피어나는 거라고
이후 틈만 나면 창문을 여는 버릇이 생겼지

귀를 세우는 버릇도 생겼고
눈이 은세계를 이루면
운동화 한 켤레 가슴에 안고
토끼를 만나러 가야겠다

발바닥이 추워서 토끼는
눈알이 볼록 튀어나왔는지도 몰라

언제부터 일까?
가슴속 깊은 골짜기에
빨간 눈을 가진 토끼 한 마리가 살고 있었다.

커피의 사랑

내 부모도
함부로 않던 나에게
오라, 가라, 드려라, 마셔라
참견을 하는 너
그래도 격식 없는 귀엣말을 나누며
찰랑거리는 갈색 머리를
어루만지곤 하였다

나는 어느새
피에로의 빨간 코가 되고
혓바닥은 너의 미끄럼틀이 되었다
미끄럼을 타지 못하면
무슨 재미로 살아가겠냐며
오리 궁둥이처럼 뒤뚱거릴 때
피식 웃음이 나왔어

독감으로 잠시 이별을 하던 날
이참에 지긋지긋한 인연을 끊겠다며
다짐을 놓았었는데
어찌할 거나 눈동자가 머무는 곳마다
긴 머리 찰랑찰랑한 네가
생글생글 웃고 있으니.

내 눈에 맞는 안경

꽃은 지고 없어도

꽃받침은 평생 안고 살아야 할
숙명이다

달큼한 코골이는 변함이 없으니
비껴갈 수 없는
굴레다

바람의 방향이 수없이 바뀌었지만
안경 너머로 펼쳐진 세계는
유토피아다

범접을 불허한 천근 바위를
쓸모없는 종잇장처럼 구겨놓고
어디서 안경을 수선하고 있을까

초점 잃은 눈동자를 감싼
구름을 걷어내고
하늘의 색깔을 바꿔주기 위하여.

그 남자의 비밀

눈보라치는 벌판에
벌거벗고 서 보았어요

바람이 추위를 불러
살얼음을 깨트리고
귀를 훔쳐 달아나고 있어요

펄펄 끓는 몸에는
눈도 슬금슬금 피해 앉는데
눈치 없는 어둠이
내 몸을 더듬거리고 있어요

수치와 공포로
깊이를 가늠할 수 없는 바다에
이를 앙다물고 뛰어내려요

검은 몸집의 고래를 만났어요
먹어도 먹어도 배가 고프다며
오동통한 어둠을 와삭와삭 씹고 있었어요

씹을수록 감칠맛 나는 어둠이

주식이 될지도 모른다는 생각에
오늘도 밤을 헤엄치고 있어요.

잊혀진 계절

봄눈이 쌓인 양지 뜸
활짝 핀 백매화 군락에서
제5의 계절을 만났다
일상의 뒤안길
빛바랜 잔상을 클로즈업한다
웃음꽃 만발한 매화 군락은
예나 지금이나 고고한 자태를 뽐낸다
가슴을 기웃거리는 계절을
무슨 연유로 꼼짝달싹 못 하는 곳에
꼭꼭 숨겨 두었을까
알을 깨트린다고
병아리가 나오지 않듯이
동면에 든 계절을 깨운다 해도
등을 돌린 청춘은
돌아올 수 없겠지.

어둠에게 말 걸기

언제나 포근한
너의 가슴
심연의 고동 소리를 듣는다
날마다 나를 지켜줘서
고맙고 행복하다는 말을
어쩌자고 눌러 앉혀버렸을까
오늘부터 솔직하고 담백하게
내 마음을 보여주는 연습을 해야겠다
오랜 세월 나에게 보낸 수많은 관심에
만분의 일 이나마 답할 수 있다면
삶은 더 곱게 채색 되겠지
조금은 어색해도 용기를 낼 거야
내겐 네가 있으니까
이제부터 네 손을 꼭 잡아 줄게
보이지 않아도 가야 하는 길
사람과 사람이 놓은 징검다리를
함께 건널 수 있도록.

몽유병

자꾸 발바닥을 파고드는 가시
눈물이 혀를 내밀어
마음의 창을 핥는다
가시가 있어야 매력이 있다며
쥐를 사냥하는 날렵한 고양이처럼
날카로운 발톱을 세웠는데

실핏줄처럼 얽힌 애락의 톨게이트
무심코 역주행의 차로를 택한 목련은
매일 밤 얼룩진 면사포를 걸치고
무슨 생각에 젖어 있을까

지금껏 봄을 잊어버린 것이
시각과 감각의 삼투압이 멎어버린
불치병에 걸린 것은 아닐까.

깨벅지 사랑

고담리
동네에서 가장 높은 곳에
어린 시절 추억이 잠들어 있다
싸라기 눈발이 오락가락하던 날
양지 뜸에 우리는 살림을 차렸다
너는 엄마 되고 나는 아빠 되고
조개껍데기는
앙증맞은 살림 밑천이었다

여보
진지 잡수세요

어설픈 몸짓이었지만
해맑은 얼굴에 행복이 차고 넘쳤다.

60년대 후반 밀가루 한 포대에
목줄을 매던 그때에도
봄은 멀리서 찾아왔다.

조개껍데기

수많은 모래알처럼
말 많고 탈 많은 일상을 운명으로 여기며
수없이 천당과 지옥을 들락거렸다
나에겐 간도 쓸개도 없다
그 창창하던 오기도 반질반질 닳아서
파도의 물결이 되었기 때문이다
여느 날처럼 이리저리 떠밀리다 잠들었는데
눈을 떴을 때 햇빛을 보듬고 생글생글 웃는
믿을 수 없는 내 모습을 보았다
화려한 변신은 뭍 시선을 사로잡았고
어느 날 장식장에서 한껏 무게를 잡게 되었다
그러나 시간이 흐를수록 무료함은 커가고
지지고 볶던 시간을 회상하는 게
유일한 낙이 되었다
애끓는 집착이 만든 환상
살이 깎이고 부대끼던 순간이
삶의 절정이었다고 깨달았을 때
내 몸은 쓰레기통에
전입신고를 하고 있었다.

강물의 고해성사

깊은 산속
돌 틈에서 나와
여린 속살을 내보이던 날
가슴이 뛰기 시작했다

바람이 옆구리를 간질일 때
짙어가는 초록에 얼굴 스치며
그렇게 사랑은 시작되었다

분별없이 쏟아낸 열정으로
폭포를 만들기도
쉴 새 없이 피어난 물방울 꽃을
자랑하고 싶었던 날도 있었다

밤낮의 경계를 허물어 버린
물방울 꽃 군락에 흥청거리며
몇 번의 계절이 바뀔 무렵

그곳에만 안주할 수 없다는 사실을
강물은 알게 되었다.

오해

얽히고설킨
마음의 골다공증
치료 약이 없는 난치병이다
말 한 마디에 숨어든 독소가
눈과 귀를 가리고 신경을 마비시켜
사리 판단을 할 수 없게 만들기 때문이다
손바닥을 뒤집듯 피를 말리는 정신세계는
죽음보다 깊은 딜레마에 빠져
극심한 체증에 시달리게 된다
엉킨 실타래를 풀기 위하여
이해와 사랑과 배려의 금고를 열어
무단방출을 시작한다
죽음과 동행할 수 없는
자존심이 말라비틀어질 때
비로소 새들의 지저귐이 들려온다
막혔던 기와 혈이 뚫리고
온몸의 신진대사가
제자리를 찾는다.

용서

농 짙은 피고름이
욱하고 마음의 창을 오르며
코를 씩씩 불고 있다
언제든 손을 내밀면
잡힐 줄 알았던 불면의 바다가
생각보다 넓고 깊구나
눈두덩에 뿌리를 내린 소금꽃
이보다 더 황량한 사막이 어디 있으랴
흉흉한 어둠이 어디 있으랴
누구나 한 번쯤은 실수할 수 있는 거야
그래그래 딱 한 번만 용서하자
그 길만이 우리 모두 사는 길이니까
지성이면 감천이라 했던가
분노의 혓바늘이 뽑힌 자리에
파업 중이던 미각이 영업을 시작한다
용서, 이보다 더 멋진 말
이보다 더 값진 선택이
어디 있으랴.

씨받이

부끄러운 꽃봉오리
쪼금쪼금 밀어 올릴 때
눈시울에 매달린 종유석들이
호롱불 아래 보석처럼 빛을 발했어
잘 살아 보겠다는 일념으로
대책 없이 달려드는 불나방처럼
뒤를 돌아볼 겨를도 없었지
하나둘 흩날리는 꽃잎을 좇느라
조금씩 타들어 가던 날개는
허공을 나는 법을 잊고 말았어
어느 순간 추억을 좇는
한 마리 애벌레가 되어
갈잎에 구멍을 내고 있었지
지나던 바람이 말했다
아지랑이 아롱이는 양지 뜸에는
벌써 봄꽃이 만발했다고.

▶
누군가를 위하여 자신을 송두리째 내줄 수 있는가
-KBS 드라마를 보며….

이슬 꽃

더 높이 더 멀리
두려움을 모르던 당찬 눈동자에
이름 모를 꽃이 피었습니다

아무도 흉내 낼 수 없는
삶의 결정체들이
든든한 꽃받침을 이루고 있습니다

너무나 맑고 깨끗한 까닭에
초록이 앉으면 싱그러운 숲이 되고
해님이 앉으면 눈부신 보석이 됩니다

한 번도 항로를 이탈할 줄 모르던 날개가
기류의 눈총에 흐느적거리더니
촛농처럼 흘러내립니다

아직 이해하지 못한 방정식
당신이 지켜온 굳은 신념과 의지가
탱글탱글한 꽃망울을 터트렸습니다.

꿈

은근슬쩍 고삐를 당기면
나를 에워싼 고리타분한 삶이
기다렸다는 듯 미끄러지기 시작한다

달그림자와 마주 앉아
깊은 사색에 잠겨도 보고
별들의 민낯에 눈을 비비며
가식으로 고주망태가 된 나의 허물도
아낌없이 벗겨내린다

루돌프의 빨간 코가 멋져 보이는 밤
내일도 오늘만 같다면 얼마나 좋을까
민낯이 준 고귀한 선물
고리타분한 관념을 아낌없이 벗겨냄으로써
남루하던 내 삶의 가치관도
루돌프의 코처럼 반짝이기 시작한다.

독백

12월의 끝자락
핏기 잃은 억새와 강아지풀이
삭풍에 흔들리고 있다
서녘을 헤집고 다니는 노을은
어찌하여 저리도 붉은 숨결을 뿜고 있을까
어쩌면 사그락거리는 눈물 조각들이
고해성사를 하고 있을지도 몰라
어쩌면
파도가 훔쳐 간 모래성에
나를 설레게 하였던
무지개가 잠들어 있을 거라고
자꾸자꾸 부서지는 모래성을
헤집고 다니는 어리석음을
어떻게 할까요….

지금 논서밭*에는

술 취한 오리처럼
가뭇없이 뒤뚱거리는 밤
뭉그적거리며 다다른 새벽녘
띵한 머리를 감싸며
쌍꺼풀을 만들던 눈시울에
촉촉한 비가 내린다
밀물과 썰물이 자웅을 겨루는 가슴에
쉴 새 없이 피어나는 애락의 꽃
실오라기 하나 걸치지 않은
하얀 꽃잎이 고해성사를 한다
지질한 겨울비는 무슨 까닭에
시원하게 까발리지 못하고
횡설수설 처마 끝을 배회하고 있을까
파김치가 된 어둠이
어렴풋이 기억해 낸 논서밭에
쑥쑥 자라던 서릿발의 뿌리가
단봇짐을 싸고 있다.

* 논서밭 －텃밭

만삭

잡아라
저놈 잡아라
내 가슴을 월담한 간 큰 도둑이
갓 태어난 첫눈에 족적을 남기며
저만치 뛰어가고 있습니다
강한 바람에 나부끼는 꽃잎이
클로즈업되는 순간
덩달아 설국을 내달리고 있습니다
도둑 잡으려다
거부할 수 없는 소용돌이에 휘말려
알딸딸한 발걸음을 시작합니다
발밑에 엉금엉금 기어든 눈꽃이
탄성에 가까운 비명을 지르며
바짓가랑이를 당깁니다
대책 없이 만삭이 된 가슴에
시간을 거스르는 동맥을 개설하고
전담반을 투입하려 합니다.

|해설|

창틀 너머에 불러 앉히는 정하고 맑은 양떼구름들

-오형록 시집 『해운대 에필로그』를 중심으로

정 윤 천
(시인)

1

시를 잘 쓰는 일은 존귀한 일이다. 더구나 시를 잘 써서 시로써 독자들에게 칭송을 받는다는 사실은 시를 쓰는 사람의 행운이자 기쁨일 수 있었다. 하지만 반드시 시를 잘 쓴다는 행위가 시와 시인의 목적이거나 궁극이 되어서만은 안 되었을 것이다. 오로지 시를 잘 쓰기 위하여 전후를 돌보지 않는 허망한 방편의 생의 태도는 저급한 욕망의 이면이지 않겠는가. 따라서 고금의 좋은 시들이란, 일정부분의 정신과 인격 등이 교통하는 예술행위의 그윽한 지경은 아니었을까.

오형록 시인의 시집 『해운대 에필로그』에 펼쳐져 있는 작품의 면면들은, 그의 시와 생활과 거기에서부터 출발하는 초발심에 대한 신뢰를 구축하며 자리한다. 메마른 대지 위에 세월의 뿌리를 굳게 내린 동구 앞의 당산 나무처럼 그의 시에는 생명에 대한 경외의 마음들과 어린 것들을 길러내는 혼신의 부성 같은 것들이 투영되어 있곤 하였다. 작금의 요란하고 허망한 언술들에게로 경사되어있는 일부의 시작 풍습들의 한쪽에서 어쩌면 그는 시보다 시의 마음이며 존재를 향하는 외롭고 고단한 밭을 경작하는 모습을 보인다.

돌아보면 시보다 중요한 건 시를 쓰는 사람(시인)이었을 것이며, 시를 대하는 이들의 자세와 생활의 태도 역시 간과할 수 없는 명제였음을 오형록 시인의 시집을 통해 다시 한번 생각해 보게 되었다.

"나는 자타가 공인하는 숙련 농사꾼이다./ 자연의 이치에 생의 나날을 맡기며 살아온 인생이다./ (중략) 오이 하우스에서 쏟았던 장대비 같은 땀의 일기장 한 페이지가, 이후로 내가 써왔던 시의 씨앗이 되었다.// 심마니처럼 가시덤불을 헤치며 꼭꼭 숨어있는 시의 문장들을 찾아 걸었던 여정이었다./ 서툰 날개 짓 이었지만 매의 눈빛을 꿈꾸었던 시 사냥의 나날들// (중략) 생활과 시를 더불어서 가꾸는 농부의 보람으로 여생의 지도를 그려 넣고 싶다. (자서에서)

갸륵하여라. 그렇게 여기 한 사람의 농부이면서 자신의 땀방울로서 시의 열매를 추수해온 "숙련 농사꾼" 시인이 아직까지 우리들 곁에 남아 있었다는 사실이.

봄을 시침하는
봄비의 볼에
수줍은 두견화가 피었다

꼼꼼하던 바늘이
격한 딜레마에 빠질 때
골무는 말없이 옷을 벗었다

격정의 회오리가 지나간 후
수줍은 아지랑이 날개를 펴고
무리 지어 하늘로 오른다

촘촘한 시침을 따라
젖멍울이 서듯 아려오는 것은
상큼 달큼한 초록을
잉태했기 때문이다.

-「봄비와 골무」 전문

봄비와 골무의 때 아닌 조합이 문득 이채로운 세계를 잉태하며 한 편의 시를 매듭지어 놓았다. 그가 바라보거나 지향하는 시를 향해 들어선 길목의 초입에서 만난 예사로운 장면이었을지도 모른다. 모름지기 시적 발성의 형상이거나 외피만을 꾀하는 데 치중하여 있는 목소리들과는 일정한 거리의 너머에 그의 심상들이 놓여져 있음을 알 수 있을 것이다. "봄비의 볼"에 핀 "두견화" 위로 내리는 봄비는, 어느 사이 그의 눈 속에 바느질(시침) 처럼으로 내려서, 바느질에 관한한 최고의 기물이었을 골무의 등장을 자연스럽게 교직하여 놓았다. "촘촘한 시침을 따라/ 젖멍울이 서듯 아려오는 것은" 이라는 시행에 이어서 이제 결구를 향해서 시는 나아

간다. "상큼 달큼한 초록을 잉태했기 때문이다." 라는 전언 속으로 말없이 옷을 벗었던 "골무"의 여정을 각인하여 주었다. 생경스럽기까지한 "봄비"와 "골무""의 조화로움이 이를테면 오형록 시인의 시집에 놓인 첫 장면이 되어 있었다.

한 생을 마치고
자연의 품으로 돌아가는 시간
이렇게 홀가분하고 편안했던 적이 있었던가

다하지 못한 초록의 향연
그 아쉬움도 크겠지만
돌이켜 생각하면 가슴 뿌듯한 시간이었지

그늘을 만들어 배려의 기쁨을 알았을 때
어깨를 나란히 했던 친구들이
얼마나 자랑스러운지

벌레가 살을 바를 때도
눈시울에 소금꽃을 피워 올리며
하얀 미소로 화답했었지

흰 구름 먼 길을 재촉하던 날
깊어가는 하늘 호수에
황혼을 고이 접은 돛단배가 되어
알록달록한 돛을 올린다.

-「낙엽」 전문

전형성이 너무 빤하게 드러나 있는 고향이나 강, 어머니, 기차 등의 제목으로 시를 쓰게 되는 경우에는 시쳇말로 삼십 점 정도를 미리서 까먹고 들어간다고 생각하는 게 맞을 것이다. 그것은 시적인 서사로 차용할 수 있는 내용의 한계 때문이기도 할 것이거니와 다른 무언가를 빌어와 이미 드러나 있는 진실(의미)을 갱신해내거나 역동의 순간을 잡아채지 않는 한 시적 담론으로서의 그 반향이 희미해지기 쉬운 까닭이다.

인용시의 제목인 "낙엽"이 또한 여기에서 크게 자유롭지 못한 것이라고 볼 수 있다. 그동안 얼마나 많은 낙엽의 이미지와 노래들이 미리서 지나가지 않았던가. 그래도 그는 자신의 심상 위에 올라앉은 "낙엽"의 일생을 정중하게 불러와 이렇게 노래한다. "그늘을 만들어 배려의 기쁨을 알았을 때/ 어깨를 나란히 했던 친구들이/ 얼마나 자랑스러운지" 혹은 "흰 구름 먼 길을 재촉하던 날/ 깊어가는 하늘 호수에/ 황혼을 고이 접은 돛단배가 되어/ 알록달록한 돛을 올린다" 고, 농사꾼의 눈에는 가지에서 떨어져 나온 한 닢의 낙엽에게로도 일생의 경작이 투영된 서정의 순간이 묘사되며 있게 하였다.

간밤에 세상이 얼어붙었다/ 심장까지 밀고 올라오는 얼음알갱이/ 전생에 무슨 일이 있었기에/ 이렇게 마지막 한 방울의 피까지/ 꽁꽁 얼려버린 것일까/ 커튼 뒤에서/ 해님은 발을 동동 구르지만/ 좀처럼 깨어날 기미가 없다/ 구름이 잠시 고개를 돌린 사이/ 해님의 숨결을 감지한 심실이/ 얼음장처럼 찍찍 갈라지기 시작한다/ 이렇게 반복된 일상에/ 가슴에 품었던 온갖 응어리가 풀려/ 비로소 깊은 맛이 우러난다/ 깨달음의 자양분은 눈물이지만/ 달콤한 맛의 원천은/ 끈질긴 기다림이다.

-「콜라비의 겨울」 전문

콜라비는 프로 농사꾼 시인 오형록이 가꾸는 숱한 농산물의 품목 중에 하나이다. "전생에 무슨 일이 있었기에/ 이렇게 마지막 한 방울의 피까지 꽁꽁 얼어버린 것일까" 냉해를 입고 쓰러진 어린 자식(?)들을 내려다보고 있는 애끓는 정서의 일단이 이 시에는 아로새겨져 있다. 그러나 그의 시는 동사(凍死)의 격절을 지나서 비로소 부활한다. 겨울을 건너가야 할 "콜라비"들이 그렇고 일생을 걸고 투신하는 그의 시와 농사의 업이 또한 그러하리라.

"깨달음의 자양분은 눈물이지만/ 달콤한 맛의 원천은/ 끈질긴 기다림이다."는, 명제 하나가 완성되었다. 급하게나마 살펴본 '농사꾼' 시의 면면은 오형록 시인의 시적 성취 이전의 깨달음의 순간을 담담한 발성으로 파종하듯이 보여 주었다.

2

시는 다시금 삶의 장면이며 평면이자 발자국이었으며 우리들 모두의 벼라별 치욕들과 환상과 슬픔과 위무와 악수들의 다툼과 화해의 이해상관의 현장이었던 셈이었으니, 여기에서는 잠시, 시인 오형록이 농사이거나 생활의 들을 벗고 나와 개척한 시의 언덕 너머를 살펴보기로 한다.

겨울바람이 따귀를 때리는 백사장에 구경이라도 난 듯 갈매기들이 모여든다

이국 사람들도 가끔 따귀를 맞으러 이곳에 온단다

반려견을 데리고 온 끼리끼리가 오줌싸기에 열중인 목줄을 당긴다

검푸른 바다가 으르렁으르렁 하얀 이를 드러내며 금방이라도 물어뜯을 듯 달려든다

갈매기가 잠시 자리를 옮겼을 뿐 아무도 쓰러지지 않았다

하늘과 바다가 맞닿는 저편에 우리의 옛 영토 대마도가 있다고 망원경 한 대가 목이 쉬도록 소리치지만

귀를 기울이는 사람은 아무도 없다

빌어먹을 뉴스가 아름드리 곰솔 숲으로 빠른 걸음으로 숨어든다

팔순쯤 되어 보이는 할머니 한 분이 이십 대의 허리를 자랑하며 백사장을 걷는다

모래알 하나하나에는 사연이 있다

이제 와 생각해 보니 어쩌면 할머니는 성인이었을 거란 생각이 들었다 .

「해운대 에필로그」 전문

예의 인용시는 이 시집의 표제시이다. 그는 왜 서둘러서 "에필로그"라는 삼상치 않은 내용의 외래의 단어 하나를 여기에 심어 두었을까. 그렇게 어느 한 지점의 마침의 자리에서 새로운 시작 너머를 바라보기는 하였던 마음이었을까. "이국 사람들도 따귀를 맞으러" 온다는 백사장에서의 감회는, 그가 때로는 농사꾼 만으로서의 닫힌 시 세계의 저쪽을 응시해보는 당연한 열망에 다름없어 보였다. "빌어먹을 뉴스가 아름드리 곰솔 숲으로 빠른 걸음으로 숨어드는" 해운대 백사장 위에서, 시인 오형록은 그도 잠시 이방인이 되었고, "이국사람"으로 화해 버렸다. 그러고보니 "팔순쯤 되어 보이는 할머니 한 분이 이십 대의 허리를 자랑하며 걷는" 자신에게로는 너무 미지였으며 미답이었던 백사장에서 맞딱뜨린 화두 하나가 "모래알 하나하나에"들어 있을 것 같은 생의 비의들을 일깨워주며 지나갔을 것 같았다. 먼 훗날, 시간이 지나간 뒤에 다시 생각해보니, 자신으로 하여금 짧은 마주침 속의 일깨움 하나를 심어주며 '마치었던' 할머니의 장면이 성스러움(성인)의 형체로 다가왔던 셈이다. 그런 바라봄의 충격이 그에겐 어쩌면 또 다른 한 세계를 통과하고 나온 "해운대 에필로그"가 되었을지 모른다는 유추를 가능하게 하고 있었다.

마치 비아그라 같은 그녀에게
한쪽 눈을 찡긋 감아 보였다
꼬르륵 배꼽 부근에
석연치 않은 여진이 감지되었다
낙엽이 활보하는 장유 휴게소에
천리마의 고삐를 묶었다
비가 쏟아질 듯한 날씨
누군가에 쫓기는 낙엽 때문인지
답장이 없는 카톡 때문인지
가슴 한 켠이 격하게 싸그락 거린다
구수한 된장국과 마주 앉았다
그녀의 눈빛은 그 누구보다 따스했다
지남철 같은 입술, 뜨거운 숨결이
폐부 깊숙이 파고들었다
이렇게 짜릿한 오르가슴
느껴본 지가 도대체 언제였던가
날강도 같은 삶의 굴레에
본능마저 빼앗기고 살아왔구나
송두리째 내게 준

-「장유 휴게소에서」 부분

"비아그라 같은 그녀"에게로 호기심이 일어나 들여다보았더니, 그것의 정체는 고작 휴게소 식탁 위에 오른 "된장국" 한 그릇이었다. 그리하여 그녀는 "그녀의 눈빛은 누구보다 따스했다/ 지남철 같은 입술, 뜨거운 숨결이/ 폐부 깊숙이 파고 들었"다고 전한다. "이렇게 짜릿한 오르가슴/ 느껴본지가 대체 언제였던가"고 외치는 시인 오형록은 도대체 얼마나 고되고 정신없는 현실의 사람이었을 것인가를 떠올려 준다. 차분하게 된장을 풀어 된장국을 끓이고 단란하게 마주 앉아 식사를 하는 일상이, 그러나 이 농사꾼에게는 쉽사리 허락되지 않았나 보았다. 그의 일상의 노동과 생활의 일면이 키 낮은 지붕이 그려진 동양화의 한 폭처럼 펼쳐져 있었는데, 그러나 이 시는 오형록 시인의 특장이기도 한 농경정서의 언어에서 벗어나와 일상의 단면을 전하는 미덕을 지니고 있게 된다.

3

이제 오형록의 시집에 남아있는 그의 세공품들은 주로 기행과 만남과 인간관계들의 여정 속에서 이루어진 바라봄과 겪음의 시편들이다. 코로나의 창궐 이전과 코로나의 대두 이후로 재편될지도 모르는 문화사나 일상사의 목전에 서서, 유가적이거나 천진난만(?)의 기미마저 서려있기도 하는 그의 시편들을 대하는 마음이 편치만은 않은 게 사실이다. 그러나 우리들에게는 여전히,

"가장 훌륭한 시는 아직 씌어지지 않았다/ 가장 아름다운 노래는 아직 불려지지 않았다/ 최고의 날들은 아직 살지 않은 날들/ 가장 넓은 바다는 아직 항해되지 않았고/ 가장 먼 여행은 아직 끝나지 않았다/ 불멸의 춤은 아직 추어지지 않았으며/ 가장 빛나는 별은 아직 발견되지 않은 별/ 무엇을 해야 할지 더 이상 알 수 없을 때/ 그때 비로소 진정한 무엇인가를 할 수 있다/ 어느 길로 가야할지 더 이상 알 수 없을

때/그때가 비로소 진정한 여행의 시작이다." -나짐 히크메트의 시 「진정한 여행」에서

오형록 시인의 시의 현재와 미래를 바라보는 자리에서, 터키의 시인이자 혁명가였던 나짐 히크메트의 「진정한 여행」이라는 시의 전문을 인용하여 보았다.

따라서 그의 시도 생업도 인생도 모두 다 '진정한 여행에 이르는 건강한 노정이기를 바래어 본다. "무엇을 해야할지 더 이상 알 수 없을 때/ 그때 비로소 진정한 무엇인가를 할 수 있다"는 오래 전에 쓰여진 어느 시인은 발설이 왜 이렇게도 이런 자리에 앉아서 유효하고도 맞춤하게 떠오르는지 잠시 생각에 잠겨 보았다.

하나로마트 앞 골목 어귀
깔끔하게 단장한 입 방앗간
남편을 따라 낚시를 왔다가
파도와 갈매기의 밀어에 매료되어
도시의 미용실을 처분하고
하조도에 정착했다

갯바람이 다져놓은 맹지
억센 터줏대감들의 눈총에
수없이 많은 피와 땀을 쏟았다

거듭된 병마와 사투 끝에
가까스로 일궈낸 터전이기에
보석보다 귀한 인간 승리의 터전이다

하조도의 모스크바 조도미용실
해가 뜨면 어김없이
기자회견이 열린다.

-「조도 미용실」 전문

"입 방앗간"이라는 시어가 한 눈에 들어 온다. 다름 아닌 "조도 미용실"이다. 그리고 그곳은 "갯바람이 다져 놓은 맹지"였으며, "수 없이 많은 피와 땀을 밀어 넣은 누군가의 생활의 성소이기도 하다. "가까스로 일궈낸 터전이기에/ 보석보다 귀한" 존재의 집이었다. 화자는 심지어 "하조도의 모스크바"라고 일컫는다. "해가 뜨면 어김없이/ 기자회견이 열리는" 조도 미용실을 그가 시의 목소리에 실어 건건하게 들려주었다. 이 시 역시 오형록 시인이 생체험 속에서 얻은 기행시의 전형이다.

옥황상제의 공깃돌 하나가 관매도에 떨어졌다. 이를 찾으러 왔던 하늘 장사는, 서둘 바꿀 폭포 아래서 선녀에게 매혹되어 돌아갈 생각을 잊어버렸고, 결국 돌무덤에 갇혔다. 옥황상제의 두 아들도 역시 공깃돌을 찾으러 왔다가, 그곳에 남아 나란히 섬이 되고 말았다.

꽁돌 주변 해변 바위에 무수한 발자국이 아직도 귀를 세우고, 눈물 없이 들을 수 없는 파도의 옛이야기를 시도 때도 없이 컥컥 게우고 있다.

지금도 꽁돌에는 하늘 장사의 손가락 자국이 선명하게 남아 관매도를 찾는 길손들의 입방아에 연신 오르내리고 있다.

-「관매도 꽁돌」 전문

미용실과 더불어, 오형록 시인이 보내고 온 바닷가의 전설 한 편이다. "지금도 꽁돌에는 하늘 장사의 손가락 자국이 선명하게 남아 관매도를 찾는 길손들의 입방아에 연신 오르내리고 있다"고 말한다. 이는 오형록 시인의 시적 관심사가 다양한 측면에서 가동되고 있다는 증거를 보이고 있기도 한다. 그렇게 그가 더욱 깊은 채굴의 지점에서 시의 씨앗들이거나 발아를 꿈꿀 때 오형록 시인의 시 세계는 더욱 알찬 농사를 거둘 수 있을 것으로 보인다.

목포 문학 40호
출판 기념과 송년회가 있는 날
씻는 둥 마는 둥 말에 올랐다
뽀얀 먼지를 일으키며
거침없이 농로를 달리니
벼 그루터기가 힐끔 눈을 스친다
질주하는 말들을 추월하기 위해
발을 구르며 채찍을 휘둘렀다
하얀 버금을 게우는 늙은 말이
안쓰러워 가슴이 아파왔다
늦지 않게 도착해야겠다는
이기심을 감지한 보안관의 총구는
기다렸다는 듯 불을 뿜었다
아슬아슬하게 비껴가는 총알
행사 시작 3분 전
가슴에 구멍이 숭숭 뚫린 마부가
목포 문학관 앞에 고삐를 묶는다.

-「황야의 무법자」 전문

때로는 "황야의 무법자"를 자임하며 해남과 목포인근의 문학 판을 누비기도 하는 오형록 시인은 어느 날의 일화를 시화하여 들려주고 있다. "목포문학 40호" 출판기념회와 송년회를 겹쳐서 여는 날이라고 하였는가. "'말에 올라" 타고서는 " 뽀얀 먼지를 일으키며" 달려가는 무법자의 뒤태에는 조바심과 속도가 매달려 있다. 오늘도 여전히 바쁜 일상을 살아내는 모습이다. 특히 이 시는 발성이 가볍고 속도감이 붙어 있어서 읽기에 편하다. "황야의 무법자"는 마치 사나운 적들을 물리치고 돌아와 들어서는 카페의 문 앞이기라도 하듯이, 그의 늙은 말의 등에서 내려 고삐를 묶는다. "목포 문학관" 앞에. 감칠맛 나게 이어진 비유와 진술들에 이르러 어언 오형록 시인의 시들도 한 '경치'를 보게 되었으며 한 '경지'의 세계를 열어 보이는 중이다.

세계 6번째/ 1인당 국민소득 3만 달러를 / 달성한 나라/ 서울시 중랑구 망우동/ 반지하 월세방에서/ 82세 어머니와 56세 딸이/ 숨진 채 발견되었다// 15년을 대인기피증/ 치매 노인을 돌봐야 했기에/ 일을 나갈 수 없었던 딸은 / 엄마의 노령연금 25만 원으로/ 생계를 이어야만 하였다// 월세를 낼 수 없어/ 보증금이 줄어져 가는 어려운 상황이었지만/ 공과금은 한 번도 밀리지 않았다// 월세 보증금을 완전 소진하고/ 더 이상 갈 데가 없어 / 극단적 선택을 하게 된 것 같다는/ 앵무새 목소리를 내는 뉴스가 보도되었다

-「그늘」 전문

그도 허리가 휘고 등골이 빠지는 농삿일에서 돌아와 누군

가 보내온 시집들을 읽고, 언젠가 가수 정태춘이 소리쳐 주었던, 아, 우리들 공화국의 뒷 켠에서 쓰여진 참담하고도 쓰라린 노랫말들의 절규를 상기하고, 그리고 예의 아홉 시나 열 시면은 때맞추어 울어주는 "앵무새"들의 뉴우스를 접했는가 보았다. "엄마의 노령연금 25만원"으로 생을 부지하는 일가족의 사연을 "더 이상 갈 데가 없어/ 극단적 선택을 하게 된" 바야흐로 "세계 6번 째/ 국민 소득 3만 달러를"

이제 오형록 시집의 말미에 와서 그의 시 세계 속에서 "그늘"이 차지하는 비중과 유의미함을 함께 떠올려 보며 이 글을 마칠까 한다.

그것은 시에 관한 어떤 논리적인 비약과 비젼을 거론하는 마당에서도, 시는, 시가 간직한 풍습적인 미덕은, 당대의 삶이며 아픔을 들여다보는 기본적인 자세가 견지되어야 할 것이라는 점이다. 자신의 농경 정서에서 비롯된 일상적인 언어들이, 기행과 설화와 인간의 이야기들을 거쳐 자신이 살고 있는 당대의 "그늘"에게로까지 전이된 시의 역정에 박수와 감사의 마음을 전하기로 하면서, 향후 그의 언술들이 보다 더 구체적인 미학으로의 성취를 이루어 나가기를 기대해 보기로 한다.